REQUÊTE

PRÉSENTÉE AU CONSEIL MUNICIPAL

De Pont-à-Mousson

PAR

Eugène ORY

IMPRIMEUR

Ex-professeur de Lettres

Membre de la Société Philotechnique.

Pont-à-Mousson, — Imp. Eug. ORY.

Messieurs les Conseillers,

Je me permettrai d'appeler votre attention et même votre sollicitude sur une question, négligée pendant trop longtemps, et dont on s'est occupé sérieusement depuis quelque temps seulement, mais d'une façon insuffisante, à mon avis ; je veux parler de la

BIBLIOTHÈQUE COMMUNALE.

Considérations générales sur la composition d'une bonne bibliothèque communale.

Pour qu'une bibliothèque communale soit utile, il faut qu'elle remplisse deux conditions :

1° Qu'elle soit composée *avant tout* des ouvrages d'auteurs contemporains, modernes et anciens les plus célèbres et, par conséquent, les plus lus, car ce sont nos maîtres à tous.

2° Il faut que ceux qui viennent y faire des recherches et y travailler puissent le faire d'une façon commode et fructueuse ; ce qui peut s'obtenir de deux façons, ou bien en ayant les facilités de s'installer dans la salle, pour un temps suffisamment long ; ou bien en accordant l'autorisation d'emporter les livres pour travailler chez soi. Cette seconde méthode est probablement la seule praticable dans notre ville, pour le moment du moins, eu égard au minime traitement que les ressources budgétaires permettent de faire au bibliothécaire ; mais elle doit être soumise à une réglementation sévère, à un discernement sérieux des

personnes qui auront cette autorisation et des livres qui pourront être emportés, dont il faut nécessairement assurer la conservation intacte et prévenir la perte.

Une bibliothèque communale n'est pas une chose de parade, de luxe, de curiosité même, comme un musée; ici, l'utile doit primer l'agréable, le superflu doit faire place au nécessaire, le curieux et le rare doivent être relégués au second plan.

Il faut, de toute nécessité, qu'une bibliothèque communale réponde aux besoins de quatre classes de personnes.

1° Les *professeurs*, qui ne peuvent, eu égard à leurs appointements à peine suffisants pour parer aux impérieuses nécessités de la vie, acheter tous les livres qu'ils ont besoin de consulter, soit pour la préparation sérieuse de leur classe, quand ce sont des professeurs des classes supérieures, soit pour la préparation des examens de licence, doctorat et agrégation.

2° Les *élèves sérieux* qui ne peuvent avoir à eux une bibliothèque complète, ou même suffisante.

Les lycées ont compris les aspirations de cette catégorie d'élèves car ils ont créé dans chaque quartier une petite bibliothèque ; ce qui n'existe pas au collége pour le moment.

3° Les *étudiants* (et ils sont nombreux en ce moment à Pont-à-Mousson), qui, pendant leurs vacances, n'ayant pas rapporté leurs livres avec eux ont besoin de travailler, les uns (les studieux) pour apprendre du nouveau et ne rien oublier de ce qu'ils ont appris pendant l'année, les autres (les tièdes) pour préparer un examen qu'ils doivent subir à la rentrée.

4° Enfin les *lettrés*, les *curieux* ; cette catégorie

quoique moins intéressante et moins nombreuse mérite cependant que l'on pense sinon à ses besoins au moins à ses désirs et à ses goûts. Ceux-là, de temps en temps, aiment à renouer connaissance avec leurs auteurs, qu'ils ont un peu abandonnés et même oubliés, ou à faire quelque recherche littéraire et surtout historique, à propos d'un fait, qu'une circonstance fortuite leur a remis en mémoire, et qu'ils ne se rappellent pas complétement.

Il faut donc, pour qu'une bibliothèque communale soit sérieusement utile, qu'elle soit composée de façon à pouvoir satisfaire aux besoins impérieux et pressants des trois premières catégories ainsi qu'aux goûts littéraires et studieux des autres.

Pour cela, il faut évidemment des éditions modernes, maniables, en un mot, commodes au point de vue pratique ; textes et traductions aussi bonnes que possible, quand il s'agit des classiques grecs et latins.

Quelles éditions prendre ?

C'est là une question importante mais qui viendra à son heure ; toutefois et dès maintenant nous pouvons dire ceci : cette question ne peut se résoudre que d'après l'avis de gens compétents, que le Conseil ou la Commission, nommée à cet effet, peut utilement consulter ; il faut avant tout tenir compte des ressources budgétaires. En tout cas, grâce aux nombreuses publications qui se font maintenant dans les grandes librairies de Paris, sous la direction et par les soins des maîtres les plus éminents, on n'a que l'embarras du choix. Il est facile, si le Conseil le désire et le demande, de revenir longuement sur cette question, en lui apportant des chiffres, (les catalogues abondent) les gens

compétents ne manqueront pas, pour fournir ces renseignements.

Notre bibliothèque communale répond-elle à ces exigences ?

Evidemment, non.

Je n'aurai pas besoin d'insister beaucoup sur ce point.

I. — *Aperçu général sur la composition actuelle de notre bibliothèque communale.*

Notre bibliothèque communale ne répond en rien aux conditions générales que je viens de poser et qui, il me semble, ne peuvent soulever aucune objection sérieuse.

On y trouve beaucoup de superflu, encore plus d'inutilités, de non-valeurs et de doubles emplois, presque rien de l'utile pour ne pas dire de l'indispensable.

Je n'apprendrai rien à personne en disant que l'origine même de notre bibliothèque démontre péremptoirement son insuffisance et sa mauvaise composition.

Lors de la Révolution de 89, les monastères dont notre ville était remplie (Prémontrés, Carmes, Capucins, Annonciades, Visitandines, Claristes, etc. dont les noms sont encore restés sur bon nombre de livres), furent supprimés ; tous avaient de riches bibliothèques composées naturellement et presque exclusivement d'ouvrages de théologie, d'histoire ecclésiastique, de dévotion et de casuistique.

Le meilleur de ce butin est parti enrichir les bibliothèques de Nancy ; des livres ont été brûlés, dispersés, vendus au poids ; notre ville a hérité... du reste, et, c'est l'effet du hasard, de l'oubli, ou de l'ignorance des pillards et des incendiaires, si on nous a laissé quelques livres rares et fort curieux, mais qui ne peuvent offrir d'intérêt que pour les amateurs d'antiquités locales et lorraines, et les chercheurs infatigables qui se risquent à faire, pour ainsi dire, un voyage de découvertes dans notre bibliothèque, qui ne possède qu'un ancien catalogue incomplet, mal organisé et manuscrit.

On est quelquefois récompensé de ses peines par quelque excellente trouvaille, mais le plus souvent on abandonne la partie et on laisse de côté ces vénérables et inutiles in-folios, que les souris et les vers peuvent ronger en toute tranquillité.

On a tourné jusqu'ici, à propos de la bibliothèque, dans un cercle vicieux très-regrettable. A quoi bon s'occuper d'elle, disait-on, personne n'y vient. Il eut mieux valu se demander pourquoi on y venait si peu ; la réponse était facile à faire, et le remède fort simple à trouver. Ayons une bibliothèque intéressante et on y viendra.

Je dois entrer dans quelques détails. On trouve bien dans notre bibliothèque un certain nombre d'auteurs grecs et latins. Mais quelles éditions ! ce sont des éditions anciennes remontant aux 17e, 18e, 16e et 15e siècles ; le grec est imprimé à l'antique, avec ligatures, de sorte que peu de personnes peuvent déchiffrer ces caractères qui sont de véritables hiéroglyphes, même pour des gens instruits. Il en résulte un grave inconvénient, c'est qu'on ne peut les consulter, qu'au prix d'une fatigue très-grande et d'une énorme perte de temps ; aussi on y renonce, quand il s'agit surtout de préparer un examen et qu'on n'a pas de temps à perdre.

On se décide alors, bon gré malgré, à faire des acquisitions onéreuses, et qu'on ne devrait pas être obligé de faire, si la bibliothèque était ce qu'elle doit être.

Ces éditions grecques sont presque toujours accompagnées de traductions latines, dont le moindre inconvénient est de faire perdre un temps précieux pour les traduire, ce qui fait double besogne, sans compter que très-souvent elles fourmillent de contre-sens. Ce sont des trahisons plutôt que des traductions, de *belles infidèles*, à la d'Ablancourt. Je me hâte de faire exception pour l'admirable traduction de Plutarque par Amyot, qui constitue un véritable monument de notre vieille littérature nationale.

Pour les auteurs latins, c'est à peu près la même chose et la collection est fort insuffisante. Beaucoup de ces volumes ne sont que les livres classiques qui ont servi aux étudiants de l'Université.

Ajoutez à cela que ce sont parfois d'énormes volumes peu commodes à manier.

Je dois ajouter, pour ne pas encourir le reproche de dénigrement systématique, que ce sont des éditions souvent curieuses au point de vue typographique et bibliographique; à ce titre même elles ont certainement une grande valeur que je serai assurément le dernier à contester; mais cela ne peut faire oublier leur insuffisance.

On voit donc quelle urgence il y a de doter notre bibliothèque d'une collection aussi complète que possible des auteurs grecs et latins, avec traductions, en prenant des éditions modernes, maniables, et, ce qui ne gâte rien, relativement peu coûteuses.

Pour huit cents francs à peu près on aurait, en s'y

prenant habilement ces deux collections avec traductions. Il y a là une lacune regrettable qu'il faut combler le plus tôt possible ; qu'on y songe bien, les professeurs surtout y sont intéressés au plus haut point, eux, qui ne peuvent s'encombrer d'une grande bibliothèque particulière, étant appelés à changer souvent de résidence, sans parler de l'excessive dépense que peu d'entre eux pourraient suporter.

Si les professeurs trouvent dans notre bibliothèque de quoi lire et consulter avec fruit, ils en seront les visiteurs naturels et assidus.

Il est inutile, je crois, de démontrer que le progrès de l'instruction du maître offre des conséquences d'un intérêt général. Tant vaut le maître, tant vaut l'élève.

Songeons encore aux élèves studieux du Collége, (le Séminaire ayant sa bibliothèque) et aux étudiants en vacances qui préparent les examens de lettres.

Il ne faut pas non plus oublier les étudiants en droit et en médecine ; les professeurs de sciences physiques et naturelles, de mathématiques, de Chimie théorique, agricole et industrielle.

Inutile de dire que ceux-là ne trouvent rien pour eux dans notre bibliothèque, et, ce n'est pas de la partialité, je l'espère, d'avancer que, pour eux, l'urgence est peut-être moins grande, et qu'il faut courir au plus pressé.

Il n'y a là bien entendu qu'une simple question d'antériorité ; ici, on peut différer, et du reste, les études spéciales et scientifiques ne réclament pas une bibliothèque aussi considérable que celles de lettres.

Pour les sciences philosophiques et morales, com-

ment sont-elles partagées. On trouvera peut-être les œuvres respectables, mais trop peu pratiquées, des Pères de l'Église latine, quelques traités scolastiques, des Sommes théologiques. Point d'œuvres philosophiques, à propremement parler.

Tout notre avoir se compose à peu près, pour la philosophie moderne , de l'œuvre incomplète de Cousin.

L'économie, science toute récente, n'y est même pas représentée, par le manuel de Baudrillart, et pourtant que ne gagnerait-on pas, au double point de vue matériel et moral, à la diffusion des principes de cette science ?

Pour l'histoire, même pénurie; des histoires des Ducs de Lorraine, des livres de blason, pour ceux qui cultivent les sciences héraldiques, des volumes précieux pour les archéologues, les numismates et les amateurs d'épigraphie ; puis c'est tout. Quant aux véritables historiens, Thiers, deux ou trois volumes de Guizot et d'Augustin Thierry, la très-curieuse histoire littéraire des Bénédictins, et nous sommes au bout, quand il y a des historiens comme Mignet , Michelet, Lavallée, Henri Martin, Vaulabelle, Dareste, etc., etc. Mais aussi nous avons l'insuffisante et passionnée histoire de Varillas et même, l'histoire légendaire intitulée: *Gesta Dei per Francos*, qui ne peut assurément compenser l'absence de l'histoire des Croisades, par Michaud ; si encore nous avions Joinville !

Il va sans dire qu'une collection historique, pour être bien complète, doit être accompagnée d'une bonne collection de *mémoires*.

Quant à la Géographie, aux Voyages, aux Découvertes géographiqnes récentes, aux récits d'explorations scientifiques, dénûment presque absolu. Est-ce une compensation suffisante d'avoir de bons vieux bouquins où sont racontés avec une gravité puérile des voyages, le plus souvent imaginaires, qui aujourd'hui ne nous paraissent qu'une promenade ou une excursion ? Ces voyages sont faits dans des pays aujourd'hui parfaitement connus, le Levant, par exemple, que le Sire Henry de Beauveau décrit dans un volume qui n'a de mérite que celui de fort belles gravures dues à Appier Hanzelet, et qu'il a parcouru plutôt en pèlerin qu'en géographe, comme Dom Calmet le lui reproche avec raison.

Pour la littérature étrangère, beaucoup en apparence ; en réalité, rien. Car, à quoi servent des livres écrits en langue portugaise, espagnole, anglaise , allemande, voire même hébraïque, qui ne sont accompagnées d'aucune traduction, et que personne ne lit ? Si par hasard, il existe une traduction, celle de Shakespeare, par exemple, elle est ancienne, mal faite, et tout à fait détrônée par les véritables traductions contemporaines de Guizot et Hugo, fils.

Il faut encore ajouter, circonstance aggravante, que presque tous ces volumes étrangers, sont des ouvrages traitant de matières religieuses au point de vue étroit de la polémique.

Prenons nos auteurs nationaux sans remonter plus haut que Rabelais et Montaigne en descendant jusqu'aux contemporains tels que Victor Hugo.

Peut-être ici serons-nous plus heureux. On a le droit de l'espérer.

Eh bien ! non. Malheureusement, non.

La collection est fort incomplète et d'une insuffisance évidente, pour le moins exigeant. Et avec cela, la plupart du temps, ce sont d'abominables éditions, anciennes, qui n'ont même pas le mérite de la curiosité typographique, ni de valeur bibliographique, des livres qui ont dû être achetés et méritent d'être revendus au poids du papier.

Ceci est dit pour les 16°, 17° et 18° siècles. Je ne citerai qu'un exemple qui suffit à lui seul : Croirait-on que nous n'avons dans notre bibliothèque que deux méchants petits volumes pour représenter l'œuvre du grand Corneille?

Quant aux écrivains du XIX° siècle, sauf Chateaubriand, Lamartine, le dictionnaire de Littré (acheté tout récemment), rien, absolument rien.

Les ouvrages de critique littéraire, ceux de Laharpe, Sainte-Beuve, Villemain, Nisard, Saint-Marc-Girardin, Patin, etc., manquent complètement.

Je ne parlerai que pour mémoire des livres que l'on doit à la générosité facile du gouvernement impérial, à qui notre bibliothèque a rendu le service de le débarrasser de ses *rossignols*, qu'on me pardonne l'expression, entre autres, la visite du prince Napoléon au Palais de l'Industrie.

Je sais qu'on a dû recevoir un envoi de livres, achetés avec les 1,100 francs provenant d'une vente de gravures ; certainement quelques-uns de nos *desiderata* auront dû être remplis, en ce qui concerne notre littérature nationale, mais assurément il restera encore beaucoup de lacunes à combler et la collection grecque et latine restera nulle.

Encore une fois, je ne blâme ni ne dédaigne ce qui

est, car, je répète que beaucoup de nos livres sont curieux au point de vue bibliographique et typographique ; mais c'est du superflu ; on les a, tant mieux, mais il est urgent de penser au reste et je regrette surtout ce qui n'est pas.

J'ai cru de mon devoir de Mussipontain de recommander à la sollicitude de notre nouveau Conseil municipal, sur la libéralité et le libéralisme duquel chacun doit compter, l'état malheureux de notre bibliothèque, pour laquelle on a, je le reconnais avec plaisir, beaucoup fait déjà, mais pour laquelle, il ne faut pas se le dissimuler, il reste encore tant à faire.

Il y va de l'honneur de notre ville, qui a de l'avenir, et il s'agit des intérêts les plus respectables. Voulons-nous rester au-dessous de Lunéville et même de Toul qui n'a pas l'importance de Pont-à-Mousson ?

Le budget actuel porte 300 francs par an pour l'achat de livres et la reliure, et 200 francs pour le traitement du bibliothécaire ; c'est peu, plus tard on peut faire mieux, mais c'est beaucoup auprès de ce qui se faisait avant.

En attendant, avec de si faibles ressources, que peut-on faire ? Arrêter de bons choix, suivre la piste des bonnes occasions, qui se présentent parfois, soit en librairie, soit dans les ventes ; cette double tâche peut être confiée à une Commission spéciale, prise dans le sein du Conseil, qui pourra et devra consulter avec fruit les hommes compétents. Ceux-ci indiqueront les besoins les plus urgents et, le cas échéant, signaleront les bonnes occasions.

Un exemple qui ne sera pas inutile pour justifier mes assertions, et je le tiens de source certaine.

Dernièrement il y avait, et il y a peut-être encore, une occasion excellente. La collection complète des auteurs latins, texte et traduction, dite Nisard, qui vaut en librairie, brochée, 324 francs, était à vendre, à Nancy, reliée en chagrin, et on l'aurait eue, on l'aurait peut-être encore, au prix de 150 fr., peut-être plus, peut-être moins, à coup sûr, à un prix très-réduit et très-avantageux.

Ceci, bien entendu, à titre d'exemple, purement et simplement.

Je le répète, ces occasions-là se présentent, et ce n'est pas chose impossible de les connaître; quelques personnes de bonne volonté, des bibliophiles, des amateurs les découvriront et les signaleront volontiers au Conseil. Il faut procéder par ordre, d'après les ressources budgétaires en achetant successivement l'indispensable, le nécessaire, l'utile, puis l'agréable.

En résumé,

Notre bibliothèque n'est pas une bibliothèque communale suffisante pour une ville comme Pont-à-Mousson, elle conviendrait parfaitement à un monastère de savants et pieux Bénédictins, pieux surtout, et ce n'est pas ce qu'il nous faut.

II. — *Comment rendre la bibliothèque accessible à ceux qui veulent se servir utilement des livres qu'elle contient.*

J'arrive maintenant à la seconde condition qui n'est qu'une question d'administration et de police intérieure de la bibliothèque.

Il ne suffit pas d'avoir des livres ; s'ils sont destinés à garnir les rayons, le mal serait aussi grand que celui de n'en pas avoir.

Il ne faut pas que notre bibliothèque communale soit comme cette bibliothèque particulière, composée de livres magnifiquement reliés, que le propriétaire n'ouvrait jamais et que La Bruyère comparait plaisamment mais justement à une tannerie.

A Paris, et dans les grandes villes, les bibliothèques sont ouvertes, tous les jours, pendant longtemps, et même fort avant dans la soirée. Elles sont, par conséquent, aménagées de façon à permettre aux travailleurs de s'installer à l'aise.

Ici, rien de semblable, et cela se comprend.

Une telle dépense, que d'ailleurs le budget actuel ne permet pas, ne profiterait qu'à un trop petit nombre, mais je souhaite que la transformation de la bibliothèque la rende nécessaire.

Puis, quand on ne donne que 200 francs à un bibliothécaire, on n'a pas le droit d'exiger de lui qu'il passe une partie de sa vie dans une bibliothèque où il serait parfois seul, en tête à tête avec les volumes.

Par conséquent, force est donc de conserver l'état de choses actuel.

Quel est-il ?

La bibliothèque est ouverte deux fois par semaine, pendant deux ou trois heures et, encore, pendant l'hiver, l'obscurité empêche de rester après quatre heures. On a donc à peu près une heure pleine pour prendre des notes et travailler, cela est insuffisant, évidemment. Bon gré, malgré, il faut donc permettre d'emporter les livres.

La solution est facile.

1° Quelles personnes auront cette autorisation ?
2° Quels livres pourront être emportés ?

Elles ne sont pas difficiles à résoudre.

Certains livres, rares, curieux, introuvables maintenant, sont demandés par hasard, pour un renseignement, ou par curiosité ; on peut faire cette recherche à la bibliothèque même, ces livres ne devront jamais être emportés. Qui songera à se plaindre de cette loi ? Personne.

D'autres, les livres modernes, livres courants, facilement remplaçables, pourraient être, sans inconvénient, confiés à ceux qui les demanderont, à charge pour eux, de se reconnaître responsables, en cas de perte ou de dégradation, de l'ouvrage entier, s'il est en plusieurs volumes. Le bibliothécaire est là pour prendre note des livres et des personnes.

Quant aux personnes qui pourront obtenir cette autorisation, les professeurs peuvent l'avoir de droit, puisque par leur position même, ils offrent toutes les garanties désirables, et que d'ailleurs ils seront directement intéressés à la bonne administration de la bibliothèque, dont ils profiteront, plus que personne.

Les autres seraient tenus de faire une demande au Conseil ou à la Commission, qni décidera si l'autorisation peut être accordée.

Conclusion.

En présentant cette requête et ces observations au Conseil, je suis certain à l'avance d'être l'écho et l'interprète de réclamations nombreuses et fondées que j'aurais déjà faites, si j'étais resté dans l'enseignement. Lorsque je préparais l'examen de licence ès-lettres je me suis vu, plus d'une fois, dans la nécessité ou de me passer de certains livres, ou de les acheter, trouvant difficilement à les emprunter. Mais, à ce moment, on était en pleine occupation allemande, et j'aurais eu mauvaise grâce à faire entendre une semblable plainte et à formuler une telle demande, quand notre ville pliai sous le poids accablant des réquisitions prussiennes, et avait d'autres lacunes plus urgentes à combler.

Aujourd'hui, la situation n'est plus la même ; sans être très riches, nous sommes dans un état financier plus prospère, aussi j'espère que le Conseil prendra acte de mes observations et accueillera favorablement cette requête, dont je prends la responsabilité, mais qui va au-devant des désirs de nombreuses personnes.

E. ORY.

Pont-à-Mousson, le 14 Décembre 1874.

NOTA. — N'y aurait-il pas moyen, puisqu'il se présente une occasion pour le dire, de tirer un meilleur parti des tapisseries qui sont cachées derrière les livres du côté de la salle de la Justice de Paix?

Il est malheureux et regrettable de laisser ainsi des tapisseries qui doivent être fort compromises par la poussière et qui, autant qu'on en peut juger, sont aussi belles que celles de la salle des séances.